ESSAI

DE

GRAMMAIRE BAMBARA

(IDIOME DE SÉGOU)

PAR

UN MISSIONNAIRE

DE LA SOCIÉTÉ DES PÈRES BLANCS

PARIS
LIBRAIRIE AFRICAINE & COLONIALE
JOSEPH ANDRÉ & Cie
27, RUE BONAPARTE, 27

1897

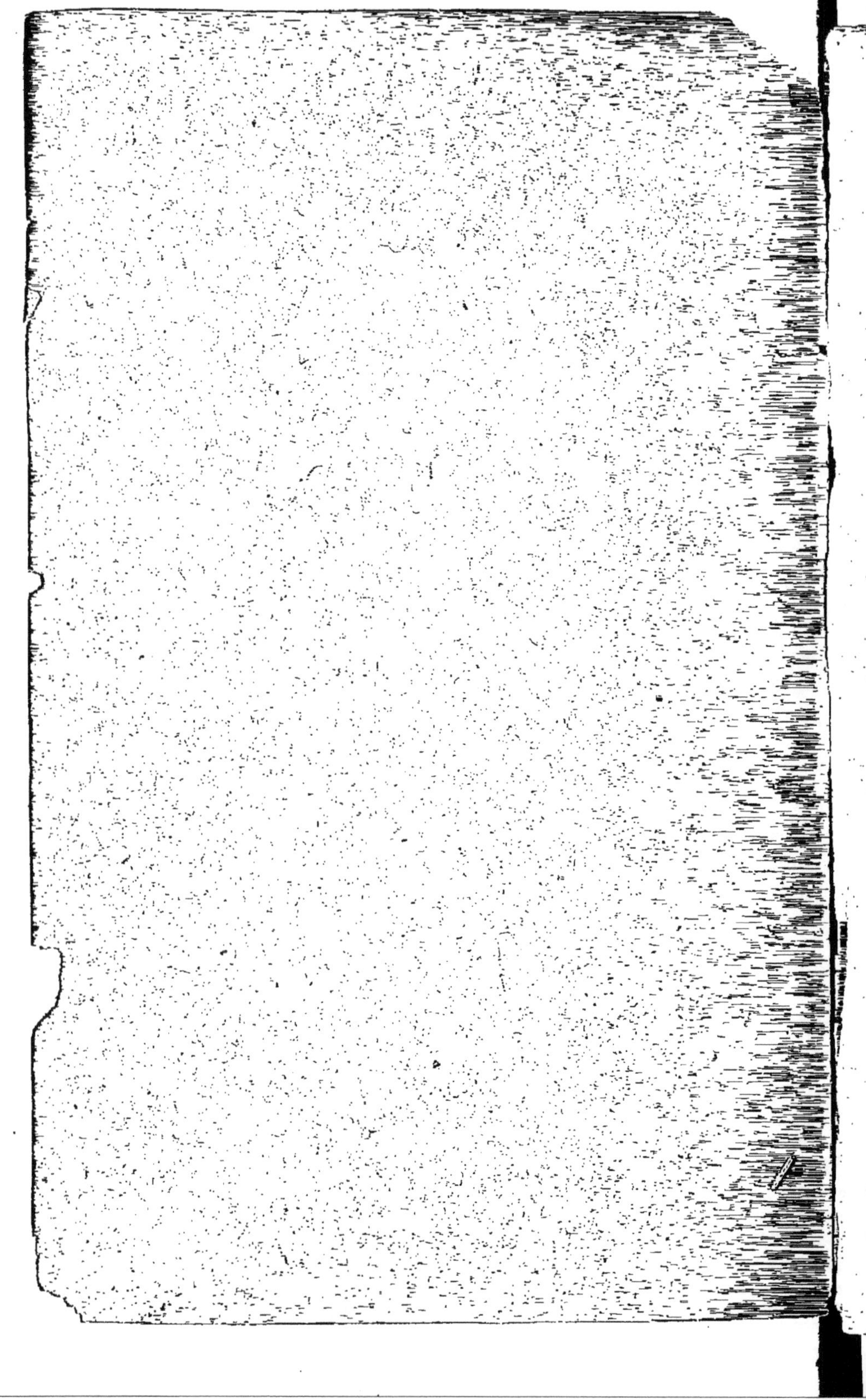

ESSAI

DE

GRAMMAIRE BAMBARA

(Idiome de Ségou)

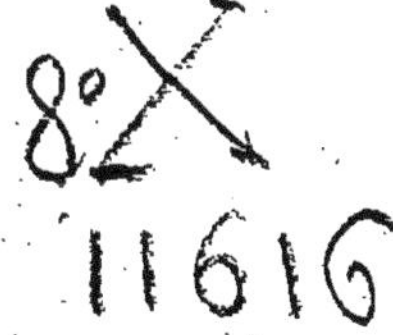

Beaugency. — Imp. Laffray.

ESSAI

DE

GRAMMAIRE BAMBARA

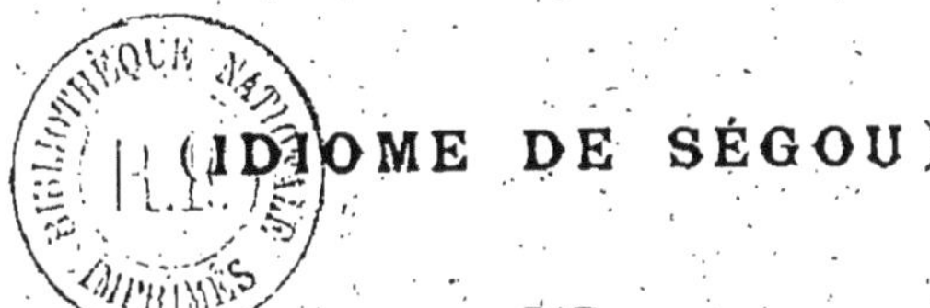

(IDIOME DE SÉGOU)

PAR

UN MISSIONNAIRE

DE LA SOCIÉTÉ DES PÈRES BLANCS

PARIS

LIBRAIRIE AFRICAINE & COLONIALE

JOSEPH ANDRÉ & Cie

27, RUE BONAPARTE, 27

1897

ESSAI

DE

GRAMMAIRE BAMBARA

(Idiome de Ségou)

ALPHABET

---

1. Consonnes simples :

B, b

D, d

F, f

G, g

H, h

K, k

D, l

M, m

N, n

P, p

R, r

S, s

T, t

V, v
W, w
Y, y
Z, z

2. Consonnes composées :

DJ, dj, dy
Ḡ, ḡ, ng, gn
N, ñ, ny, nj
TJ, tj, ty

3. Voyelles :

A, a
E, e
I, i
O, o
U, u

REMARQUES

SUR L'ALPHABET BAMBARA

1. Les consonnes simples et les voyelles se prononcent en bambara comme en français. Il n'y a d'exception que pour *g*, qui est toujours dur (*gu*), pour *u* qui répond à la diphtongue française ou, et pour *h*, qui parfois prend le son de *g* et de *kh*.

2. Les consonnes composées ont le son de lettres mouillées, dont l'usage seul peut apprendre la vraie prononciation. Toutefois, les sons *dj* ou *dy*, *ng* ou *gn*, *ny* ou *nj*, *tj* ou *ty*, qui répondent aux consonnes composées, ne forment avec la voyelle suivante qu'une seule syllabe brève.

3. La consonne *n*, mise après une voyelle, forme un son nasal et sourd, parfois peu marqué dans la prononciation.

4. Les gutturales *k* et *g*, les dentales *t*, *d*, *s*, les labiales *b* et *f*, les nasales *m* et *n* sont les lettres les plus fréquemment employées.

5. La lettre *p* est fort rarement employée.

6. Les syllabes sont brèves d'ordinaire, parfois longues si la voyelle d'une syllabe précédente a été supprimée et souvent nasales, quand elles sont chargées de l'*n*, ce qui arrive fréquemment dans les mots composés.

7. Il y a, dans l'usage, de nombreuses suppressions, additions, permutations et contractions de lettres.

Ces modifications suivent des lois qui répondent au génie de la langue et qu'il est aisé de reconnaître.

8. L'accent existe dans la langue bambara; l'usage seul l'apprendra.

9. Les radicaux de la langue bambara sont, d'ordinaire, monosyllabiques.

10. Comme les racines ne sont pas très nombreuses, il arrive que les expressions sont souvent composées.

11. Pour la division des mots, nous distinguerons le nom, le verbe et l'adverbe ou particule.

12. Le nom est substantif ou adjectif.

Nom substantif.

1. Il n'y a pas de distinction de genre. Pour les êtres animés, le mot *ké* ou *tjé* désigne le masculin, *muso* le féminin.

so, cheval.
so ké, étalon.
so muso, jument.
misi, bœuf.
misi ké, taureau.
misi muso, vache.

2. Employés seuls les mots *ké* ou *tjé* et *muso,* désignent l'homme et la femme.

3. On peut dire, *tjé do,* c'est un chien; *muso do,* c'est une chienne, etc., mais il faut que l'être animé soit présent.

4. Le mot homme dans son sens général se dit *moho, mogo, mâ.*

5. La marque du pluriel est *u* ajoutée au singulier.

sôu, des chevaux.
mâu, des hommes.

6. La marque du pluriel ne s'exprime pas quand le nombre est indiqué par un adjectif numéral.

sô nani, quatre chevaux.
ma tan, dix hommes.

7. Le rapport d'annexion s'exprime par la simple justaposition des mots en plaçant le régime le premier.

dugu tigi, le chef du village.

8. Il n'y a pas d'article en bambara; le nom peut être déterminé par le démonstratif ou par une particule verbale.

nin mogo, cet homme.
sọ ka ku, la queue du cheval.

ADJECTIF

Adjectif qualificatif.

1. Le qualificatif est invariable quant au genre; il se place après le substantif auquel il se rapporte.

mâ ñuma, un homme bon.

2. Quand le substantif est au pluriel, le signe du pluriel se met, d'ordinaire, après le qualificatif.

mâ ñumau, des hommes bons.

3. Le qualificatif, lorsqu'il est attributif, devient une sorte de verbe qui marque l'état et qu'on peut appeler verbe qualificatif.

a ka ñuma, il est bon.

Adjectif comparatif.

1. Le comparatif français d'égalité peut se rendre par le verbe *kan,* être égal, et la conjonction *ni.*

n'ka misiu ni ita ka kan.

j'ai autant de bœufs que toi.

m. à m., mes bœufs et les tiens sont égaux.

sô fanga ni misi ta ka kan.

le cheval est aussi fort que le bœuf.

m. à m. la force du cheval et celle du bœuf sont égales.

2. il peut se rendre par le verbe qualificatif et *iko,* comme

nin fali ka bon iko so.

cet âne est aussi fort qu'un cheval.

m. à m. cet âne est fort comme un cheval.

sogo djumé ka bon iko kafli yè?

quelle bête est aussi forte que l'éléphant?

m. à m. quelle bête est forte comme l'éléphant?

3. le comparatif d'infériorité peut se rendre par *doni,* moins.

a ka ba nin yé doni.

il est moins grand que celui-ci.

m. à m. il est grand, celui-ci l'est moins.

solo tjé a ka ñi doni kono tau yé.

le perroquet est moins beau que les autres oiseaux.

m. à m. le perroquet est beau moins que les autres oiseaux.

kungo ulu ka kéku donī ni sonzau yé.

le chacal est moins rusé que lè lièvre.

m. à m. le chacal est moins rusé et le lièvre l'est.

4. Le comparatif de supériorité se rend de la manière suivante :

nka kisé eyé.

je suis plus actif que toi.

i den ka kéku éyé ko sobé.

ton fils est bien plus malin que toi.

fama djon a ka tja ka témé a dua ta kan.

le roi a plus d'esclaves que son frère.

m. à m. les esclaves du roi sont nombreux, ils surpassent ceux de son frère.

5. Le superlatif se rend de la manière suivante :

djiri min ka djan véré lé yé, a béna.

le plus haut des arbres a été renversé.

m. à m. l'arbre qui est grand, les autres le sont, a été renversé.

muñ kafsa (ka fisa) *sogo vòla biñ?*

quel est le meilleur de la viande ou du vin?

m. à m. quoi vaut mieux, la viande ou le vin?

nin mâ ka ñi ko djugu.

cet homme est très bon (est bon beaucoup).

Adjectif démonstratif.

1. Le démonstratif est *nin*, pl. *ninun* pour les objets rapprochés, *o*, pl. *onun*, pour les objets éloignés.

nin furu, ce champ-ci.

o furu, ce champ-là.

nin furu nun, ces champs-ci.

o furu nun, ces champs-là.

2. Quand il y a rapport d'annexion, on dit :

nin ka so, le cheval de celui-ci.

ni nun ka sou, les chevaux de ceux-ci.

o ka so, le cheval de celui-là.

o nun ka sou, les chevaux de ceux-là.

Adjectif numéral.

1. Le système de la numération est décimal.

2. Les adjectifs numéraux cardinaux sont :

1. *kelen.*
2. *fla.*
3. *saba.*
4. *nani.*
5. *duru.*
6. *voro.*
7. *vorongla.*
8. *ségi.*
9. *kononto.*
10. *tan.*
11. *tan ni kelen.*
20. *mugan.*
21. *mugan ni kelen.*
30. *mugan ni tan.*

40. *débé.*

50. *débé ni tan.*

60. *man tjèmé.*

70. *man tjémé ni tan.*

80. *kémé.*

90. *kémé ni tan.*

100. *kémé ni mugan.*

200. *kémé fla ni débé.*

1000. *ba kelen.*

2000. *ba fla.*

3. Le nom de la chose nombrée ne prend pas la marque du pluriel et il se place avant le nombre.

mâ ségi, huit hommes.

Les noms de nombre servent surtout pour compter les cauries qui sont employés dans les transactions de petite importance; leur valeur est de 500 à 800 pour 1 franc.

5. Dans les affaires, l'unité est la pièce d'étoffe, la barre de sel, regrettablement encore la tête d'esclave et aussi notre monnaie d'argent.

6. La pièce de 5 francs est appelée *doromé, délési*, la pièce de 2 francs *dubali* ou *tama fla*, la pièce de 1 franc *tama*, la pièce de 0,50 centimes *tanka*.

7. Notre monnaie de cuivre commence aussi à s'introdnire parmi les Bambaras.

La pièce de 0,05 se dit *su*, un sou ; la pièce de 0,10 se dit *koporo* ; cinq sous se disent *pi kini*.

8. Les adjectifs numéraux ordinaux se forment en ajoutant *na* au nombre cardinal.

kéléna, premier.
flana, second.
sabana, troisième, etc.

9. Les adjectifs numéraux fractionnaires se rendent par le nombre ordinal, avec le mot

tla, tlantjé, part, partie.
tlantjé flana, deuxième partie.
tlantjé sabana, troisième partie.

10. L'expression une fois se rend par *ko kélen*, deux fois par *ko fla*, etc.

11. Premièrement, première fois, se rend par

ko kéléna ou *siné kéléna,* deuxièmement par *ko flana,* ou *siné flana,* etc.

12. Premier se dit encore *folo,* commencement et *galégalé.*

Adjectifs possessifs.

1. Les adjectifs possessifs correspondent aux pronoms personnels et comme ils sont complé-ments du nom, ils se placent avant lui.

n fa, mon père.
i fa, ton père.
a fa, son père.
an fa, notre père.
au fa, votre père.
u fa, leur père.

2. On entend parfois dire.

n ka fa, mon père.
i ka fa, ton père.
a ka fa, son père, etc.

(cf. l'article et le qualificatif.)

Adjectifs interrogatifs.

Ils se rendent par *djumé* qui suit toujours le nom qu'il accompagne.

mâ djumé? Quel homme?

muso djumé? Quelle femme?

mau djumé? Quels hommes?

Adjectifs indéfinis.

1. Un seul se rend par *do* qui se met après le nom.

so ñuma do, un bon cheval.

2. Aucun, nul, pas même un, se rendent par *si* ou *hali kelen.*

masi, aucun homme.

hali mâ kelen, pas un homme.

3. Autre se rend par *véré.*

san véré, l'autre année.

4. Chacun, tout, quelconque se rendent par *bé* ou par la répétition du nom.

mâ bé, tout homme.

mâ o mâ, tous les hommes.

tuma o tuma, à chaque instant.

5. Plusieurs se rend par *katja, tiama*, etc.

ma tjama, plusieurs hommes.

Pronoms.

1. Les pronoms personnels sont :

n, ni, je, moi, me.

i, é, tu, toi, te.

a, il, elle, le, la.

an, am, nous.

au, vous.

u, ils, elles, eux.

2. Les pronoms réfléchis sont rendus par le personnel suivi de *yéré* ou de *kono*.

i yéré, toi-même.

a yéré, lui-même.

3. Les pronoms démonstratifs sont les mêmes que les adjectifs démonstratifs.

nin ka di, ceci est bon.

o ka di, ceci est bon.

o di ma, donne moi cela.

4. Notre démonstratif peut être rendu par le personnel.

u béero ñumauyé.

Ce sont ceux-ci les meilleurs de tous.

5. Notre démonstratif peut n'être pas rendu en bambara, surtout avec une négation.

tura té, ce n'est pas un taureau.

m. à m., il n'y a pas de taureau.

6. Notre démonstratif peut être rendu par le personnel renforcé par la particule *dé.*

né dé do, c'est moi.

7. Disons que la particule *dé* ou *ké,* sert à renforcer les substantifs, les adjectifs, les pronoms et les verbes.

né dé yé fama yé,

c'est moi qui suis le roi.

a bugo ké,

frappe le donc.

8. L'un, l'autre se rend par *do-do.*

Les uns, les autres par *dou-dou.*

dou ta sigiri dou ta Bamako.

Les uns vont à Sigiri, les autres à Bamako.

9. L'un et l'autre se rend par *do ni do, abé, a fla bé.*

Les uns et les autres par *dou ni dou, ubé, u fla bé.*

a fla bé na ta,
l'un et l'autre partiront.
u fla bé na ta,
les uns et les autres partiront.

10. Ni l'un ni l'autre se rend par *usité.*

u si tna tâ,
ni l'un ni l'autre ne partira.

11. L'un ou l'autre se rend par *do ñonté do,*

do ñonté do natâ,
l'un ou l'autre partira.

12. L'un l'autre, les uns les autres se rendent par *ñohon.*

ubé ñohon kanun,
ils s'aiment l'un l'autre.

13. Les pronoms en, y, se rendent comme il suit :

o bé m bo,
j'en ai assez ; m. à m. cela me suffit.

na miri ola,

j'y penserai ; m. à m. je penserai à cela.

Pronoms possessif.

1. Ils se rendent par le mot *ta,* propriété, possession.

n ta, le mien.

ita, le tien.

a ta, le sien.

an ta, le nôtre.

au ta, le vôtre.

u ta, le leur.

nin ulu itawa? oo n ta do,

Ce chien est à vous ? oui, c'est le mien.

2. L'expression celui de se rend en bambara par le possessif.

m fa ta, celui de mon père.

Pronoms conjonctifs ou relatifs.

1. Le pronom relatif se rend en bambara par *min* au pluriel *minu.*

2. Il est sujet ou complément et la proposition relative se place soit avant soit après la proposition principale.

fama min ka farin,
le roi qui est courageux.

min yé nlamo,
celui qui m'a élevé.

ndua ayé min fâ
celui que mon frère a tué.

gala bé dé misenu fé minu soon ka djé.
Dieu aime les enfants dont le cœur est pur.

mba yé malo min tobi a sana kunun.
le riz que ma mère a cuit a été acheté hier.

Pronoms interrogatifs.

1. Pour les personnes, le pronom interrogatif est *djon;* au pluriel, *djonu,* et pour les choses, *mun;* au pluriel, *munu.*

djon bé yéno? qui est là?
mun bé yemfé? qu'y a-t-il par là?

Pronoms indéfinis.

1. Le pronom indéfini chacun se rend par *bé*, tous ou par *mogo mogo*.

mogo kakan ka o ké.

chacun doit faire cela.

bé to dâ ma, donne à chacun sa part.

2. On se rend par *mogo* ou par le pluriel, ou par une inversion.

mogo bé tjama du mu.

on mange beaucoup.

a fora ñé, on me l'a dit.

3. Personne se rend par *mogo*.

mogo si ma na, personne n'est venu.

mogo té yan, il n'y a personne ici.

4. Autrui se rend par *woli*.

kana woli fen tâ, bien d'autrui tu ne prendras.

5. Tout, tous, se rend par *bée*.

mogo bée, tous les hommes.

6. Quelqu'un se rend par *mogo, do*.

mogo bî kili, quelqu'un t'appelle.

7. Tel se rend par *ñohon*.

ka o ti ñohon gé, pour faire un tel travail.

8. Rien se rend par *fuy.*

a té fuy fo, il ne dit rien.

Verbe.

1. Il n'y a qu'une seule conjugaison dans la langue bambara.

2. La racine verbale est invariable.

3. On distingue les verbes actifs et les verbes neutres ou verbes d'état, les verbes copulatifs ou auxiliaires et les verbes attributifs.

4. Les verbes ont un actif et un passif, mais celui-ci est fort peu employé.

5. Les verbes ont une forme affirmative et une forme négative.

6. Les verbes bambaras ont plusieurs modes et plusieurs temps ; présent, imparfait, passé, futur, subjonctif, impératif, conditionnel, infinitif.

7. Ils ont aussi un participe présent et un participe passé.

8. Ils ont trois personnes au singulier et trois personnes au pluriel.

9. Il n'y a pas de marque particulière qui distingue le masculin du féminin.

10. L'impératif n'a en propre que la deuxième personne du singulier et du pluriel. Il emprunte les autres au subjonctif.

11. La racine verbale étant invariable et le sujet seul, qu'il soit nom ou pronom, marquant la personne, ce sont les termes auxiliaires qui distinguent les modes et les temps du verbe.

12. Ces termes sont à l'affirmatif pour le présent *bé*, pour l'imparfait *tumbé*, pour les passés *yé*, pour le futur *na*, pour le subjonctif *ka* et pour le conditionnel *tunna*.

13. Au négatif, ce sont : pour le présent *té*, pour l'imparfait *tunté*, pour le passé *ma*, pour le passé absolu *tumma*, pour le futur *tna*, pour le subjonctif *kana*, pour le conditionnel *tutna*.

14. L'auxiliaire *bé* ou *yé* n'est autre que le verbe *yé*, voir; *tumbé* est composé de *tuma*,

temps et de *bé; na* est le verbe *na,* venir; *tunna* est formé de *tuma* et de *na.*

15. *Té* est le verbe négatif cesser, casser, briser; *tunté* est composé de *tuma* et de *té; tumma* est formé de *tuma* et de *ma; tna* est pour *té na; tutna* pour *tuma té na.*

16. L'auxiliaire du passé *ma* semble être la négation, qui se retrouverait dans le subjonctif négatif *kana* mis pour *ka ma.* Quant à l'auxiliaire *ka* du subjonctif, ce peut être une conjonction.

17. Le passif paraît n'avoir qu'un temps passé; il est caractisé par la finale *ra,* autrement *na* ou *ta.* Aux autres temps, on tourne par l'actif.

18. Les verbes qualificatifs ont pour caractéristique *ka* à l'affirmatif et *ma* au négatif, s'il s'agit du temps présent; *tunka, tuma,* s'il s'agit du passé.

19. Ils semblent avoir aussi un futur et un subjonctif.

20. Les verbes pronominaux s'obtiennent en

employant *yéré,* et les verbes réciproques en employant *ñohon.*

Dérivation.

1. Les racines, qu'elles soient verbales ou nominales, donnent naissance en bambara à certains dérivés.

2. Nous avons vu qu'il y a des verbes qualificatifs, ainsi *ka fin,* être noir. En ajoutant *ya* au qualificatif, on obtient un verbe actif; *finiya,* noircir.

3. La particule *ma* ou *na,* mise en tête d'un verbe, lui donne un sens causatif transitoire *djigi,* s'abaisser; *madjigi,* baisser un peu.

4. La particule *la* donne un sens causatif plus étendu et plus durable.

bugo, frapper; *labugo,* faire frapper.

5. La préfixe *to,* ou *ro,* dans, donne au radical un sens spécial; les cas en sont peu nombreux.

6. La particule *ya,* mise après un verbe,

indique la manière de faire ; mise après un verbe qualificatif, elle le rend actif ; mise après un adjectif elle exprime une qualité abstraite ; mise après un nom, elle le rend abstrait.

ké, faire ; *kéya*, manière de faire.

tari, vif ; *tariya*, vivacité.

fama, roi ; *famaya*, royauté.

7. En ajoutant *ké* à beaucoup de noms, on obtient des verbes composés.

famayaké, exercer la royauté.

8. Il y a nombre de verbes composés d'un nom et d'un verbe.

fini bo, ôter son habit.

fini dun, mettre son habit.

9. La terminaison *li*, autrement *ni* et *ñi*, indique l'action.

déli, prier ; *délili*, prière.

tjin, mordre ; *tjiñi*, morsure.

10. La terminaison *la*, *ba*, *baha*, marque l'agent.

déli, prier ; *délila*, pieux.

dan, créer ; *dambaha*, créateur.

sé, pouvoir; *séba*, puissant.

11. La terminaison *ma* indique souvent le superlatif absolu.

fin, noir; *fin ma*, très noir.

12. La suffixe *to*, marque le participe présent.

bugo, frapper; *bugoto*, frappant, qui frappe.

13. Le même suffixe, après un nom, marque l'état.

banaba, maladie; *banabato*, malade.

14. La suffixe *lé* ou *né* marque le participe passé.

bugo, frapper; *bugolé*, frappé.

ñigi, mouiller; *ñiginé*, qui est mouillé.

15. Le participe présent et le participe passé peuvent se conjuguer avec l'auxiliaire.

bugoto mbi, moi qui vais frapper.

bugoto nté, moi qui ne vais pas frapper.

bugoto tumbi, moi qui allais frapper.

bugoto tunté, moi qui n'allais pas frapper.

bugolé mbi, moi qui suis frappé, etc.

Conjugaison active.

1. Indicatif présent affirmatif.

mbi bugo, je frappe.
i bi bugo, tu frappes.
a bi bugo, il frappe.
am bi bugo, nous frappons.
au bi bugo, vous frappez.
u bi bugo, ils frappent.

2. Indicatif présent négatif.

nté bugo, je ne frappe pas.
i té bugo, tu ne frappes pas.
até bugo, il ne frappe pas.
an té bugo, nous ne frappons pas.
au té bugo, vous ne frappez pas.
u té bugo, ils ne frappent pas.

3. Imparfait affirmatif.

ntumbi bugo, je frappais.
i tumbi bugo,
a tumbi bugo,
an tumbi bugo,

au tumbi bugo,

u tumbi bugo,

4. Imparfait négatif.

n tunté bugo, je ne frappais pas.

i tunté bugo,

a tunté bugo,

an tunté bugo,

au tunté bugo,

u tunté bugo,

5. Passé affirmatif

nyé bugo, j'ai frappé.

iyé bugo,

ayé bugo,

an yé bugo,

au yé bugo,

u yé bugo,

6. Passé négatif.

ma bugo, je n'ai pas frappé.

i ma bugo,

a ma bugo,

am ma bugo,

au ma bugo,

u ma bugo,

7. Futur affirmatif.

na bugo, je frapperai.
i na bago,
a na bago,
an na bugo,
au na bugo,
u na bugo,

8. Futur négatif.

ntna bugo, je ne frapperai pas.
i tna bugo,
a tna bugo,
an tna bugo,
au tna bugo,
u tna bugo.

9. Subjonctif affirmatif.

n ka bugo, que je frappe.
i ka bugo,
a ka bugo,
an ka bugo,
au ka bugo,
u ka bugo.

10. Subjonctif négatif.

n kana bugo, que je ne frappe pas.
i kana bugo,
a kana bugo,
an kana bugo,
au kana bugo,
u kana bugo,

11. Impératif affirmatif.

bugo, frappe.
au bugo, frappez.

12. Impératif négatif.

kana bugo, ne frappe pas.
au kana bugo, ne frappez pas.

13. Conditionnel affirmatif.

ntuna bugo, je l'aurais frappé.
i tuna bugo,
a tuna bugo,
an tuna bugo,
au tuna bugo,
utuna bugo.

14. Conditionnel négatif.

ntuntna bugo, je ne l'aurais pas frappé.

ituntna bugo,

atuntna bugo,

an tuntna bugo,

au tuntna bugo,

utuntna bugo.

15. Infinitif affirmatif.

bugo, frapper.

16. Infinitif négatif.

té bugo, ne pas frapper.

Conjugaison passive.

1. Il n'y a guère qu'un temps passé pour les verbes passifs du bambara.

Il est caractérisé par la finale *ra*, *na*, *la*, *ta*.

né bugora, je suis, j'ai été frappé

i bugora.

a bugora.

ambugora.

au bugora.

u bugora.

2. La syllabe *ké* qui se trouve souvent après

le verbe paraît être un terme de confirmation analogue à *dé*.

bugo ké, frappe donc.

3. La finale *ra* devient *na* ou *la* selon les exigences de l'euphonie.

a ségéna, il est fatigué.

a filila, il est égaré.

a nyéna, c'est lui.

Verbe être.

1. Quand nous avons dit *mbi bugo* je frappe, il aurait fallu dire mot à mot je suis à frapper, ou vois-moi frapper.

Le verbe être entre donc dans la conjugaison de tous les verbe bambaras.

2. En vérité *mbi* ou *mbé* ne signifie pas je suis, mais *vois-moi* et la vraie forme de ce verbe est *yé*, voir.

3. Au reste, notre verbe être se rend en bambara de plusieurs manières : *do, bé, yé, té, ka* et par les composés *bé-yé, ké-yé;* et par *yé-yé* répété.

4. Les bambaras rendent donc les temps de notre verbe être de la manière suivante :

5. Indicatif présent affirmatif.

mbé, je suis.
i bi, tu es.
a bi, il est.
am bi, nous sommes.
au bi, vous êtes.
u bi, ils sont.

7. Indicatif négatif.

ne nté, je ne suis pas.
e nté, tu n'es pas.
a nté, il n'est pas.
an nté, nous ne sommes.
au nté, vous n'êtes pas.
u nté, ils ne sont pas.

8. Passé affirmatif.

n tumbi, j'étais, etc.

9. Passé négatif.

n tunté, je n'étais pas, je n'ai pas été, etc.

10. Futur affirmatif.

na ké, je serai.

i na ké, tu seras, etc.

11. Futur négatif.

ne té ké, je ne serai pas, etc.

12. Subjonctif affirmatif.

n ka ké, que je sois, etc.

13. Subjonctif négatif.

n kana ké, que je ne sois pas, etc.

14. Impératif affirmatif.

ké, sois.

15. Au passif on dit :

n kerà, je suis devenu
i kerà, tu es devenu, etc.

16. Quelle est l'origine de *ké?* Est-ce le verbe *ké,* faire? Est-ce une forme de *yé* ou de *bé?* On remarquera qu'au futur et au subjonctif des verbes ordinaires, *bé* a cessé d'être auxiliaire. Quand l'idée d'être est exprimée seule à ces deux temps, les bambaras l'ont rendue au moyen de *ké.*

17. L'expression c'est moi, c'est toi, etc., se rend par *nédo* ou *ndo, édo,* etc.

mogo do, c'est un homme.

18. Au passé on dit :

ndé tumbé, né tumbé, c'était moi.

19. Le verbe est parfois répété.

nyé mogo yé, je suis un homme.

ayé fama yé, il est roi.

a té bamana yé, il n'est pas bambara.

20. Au passé on dira :

i tumbé falato yé, tu étais orphelin;

i tunté falato yé, tu n'étais pas orphelin.

21. Dans les phrases qui marquent la possession on répète aussi le verbe.

ninyé nta yé, ceci est à moi.

nin té nta yé, ceci n'est pas à moi.

22. On peut se servir de l'inversion pour mettre l'attribut en relief.

firila té nyé.

(C'est marchand que ne suis pas).

Je ne suis pas marchand.

23. — Le premier verbe peut être *bé* au présent, *tumbé* au passé, *na ké* au futur, *ka ké* au subjonctif, mais le *yé* final ne change pas.

24. Le verbe *ké* employé d'une manière abso-

lue signifie être; avec un complément direct, il signifie faire; au passif, il signifie devenir, se faire.

25. Le verbe être n'est pas toujours exprimé.

ya mau bié yéno?

Tous les hommes sont-ils là-bas?

Verbes neutres

1. Les verbes neutres se conjuguent comme les verbes actifs et passifs.

nana, je suis venu.

ntara, je suis parti.

nbi tâ, je pars.

i bi na, tu viens.

a ma na, il n'est pas venu.

Verbes qualificatifs.

1. Présent affirmatif.

n ka djé, je suis blanc.

i ka djé, tu es blanc, etc.

2. Présent négatif.

ma djé, je ne suis pas blanc.

i ma djé, tu n'es pas blanc, etc.

3. Passé affirmatif.

n tun ka djé, j'ai été blanc.

i tun ka djé, tu as été blanc, etc.

4. Passé négatif.

n tu ma djé, je n'étais pas blanc.

i tu ma djé, tu n'étais pas blanc, etc.

5. Futur inchoratif affirmatif.

mbi djé, je vais être blanc.

i bi djé, tu vas être blanc, etc.

6. Futur affirmatif.

na djé ké, je serai certes blanc.

7. Subjonctif affirmatif.

n ka djé ké, que je sois donc blanc.

8. Les verbes qualificatifs ont peut-être d'autres temps et il serait bon de s'en assurer.

Syntaxe.

1. Nous avons exposé la manière de rendre

en bambara les verbes actifs, les verbes neutres, les verbes qualificatifs et le verbe être.

2. Nous avons constaté que seule l'idée d'être subissait des modifications destinées à distinguer les temps du verbe.

3. Il nous reste à dire comment certains de nos verbes sont rendus en bambara et comment sont gouvernés en cette langue les compléments du verbe.

4. Et d'abord le sujet précède toujours le verbe.

gâla bé, dieu est.
mbi bugo, je frappe.

5. Certain verbes gouvernent directement leur complément, d'autres le gouvernent au moyen de prépositions.

6. Le complément direct d'un verbe avec ce qui se rattache au complément se place toujours avant le verbe.

i yé mfa kisi , tu as sauvé mon père.
i yë den ni fa kisi, tu as sauvé le père et l'enfant.
i yé den fa kisi, tu as sauvé le père de l'enfant.

7. En général tout complément d'un nom, d'un verbe ou d'une préposition se met avant le nom, le verbe ou la préposition.

8. Le complément indirect des verbes se met après ceux-ci et avant la préposition qui le régit.

a bugora sofa fé.

il a été frappé par le soldat.

Nous parlerons plus loin des prépositions.

9. Quant toute une proposition est complément on peut la rendre ainsi.

bulo min barika ka bon, bée bisran a ñé.

Tous craignent le bras dont la force est grande, m.à.m. le bras dont la force est grande tous craignent devant lui.

10. L'infinitif employé substantivement suit les règles du nom.

tâ tuma, le temps de partir.

11. Notre verbe avoir, quand il signifie être se rend comme ce verbe.

dji bé, il y a de l'eau.

fen té, il n'y a rien.

mum bé, qu'y a-t-il?

funtañé bé nina, j'ai chaud.

néné bé a la, il a froid.

hina bé a la, il aime (il a amour).

12. Quand le verbe avoir signifie posséder, obtenir, on le rend par *soro*.

nyé sô soro, j'ai un cheval.

13. La plupart de nos verbes impersonnels se rendent en bambara par des verbes personnels.

san dji bé na, il pleut (l'eau tombe).

14. Le verbe il faut que se rend par *ka kan* et le subjonctif; *kan* a les trois personnes.

i ka kan ka tâ, il faut que tu partes.

15. Le verbe *kan* est parfois supprimé.

n ka tâ? faut-il que je parte?

16. Quelques verbes, comme *don* savoir, *sé* pouvoir, *mé* comprendre, peuvent avoir l'auxiliaire *bé* ou *yé*.

mbé mé, nyé mé, je comprends.

i tumbâ mé, i tuñya mé, tu le comprenais.

17. Au passé, le verbe *sé* pouvoir se construit comme les verbes passifs et neutres.

né séra a la, je l'ai pu.

18. Les verbes français vouloir, aimer, se rendent de la manière suivante :

mbé i fé, je t'aime (je suis avec toi).
i bé mfé, tu m'aimes (tu es avec moi).
i ka di nyé, je t'aime (tu m'es agréable).

nté i fé, je ne t'aime pas (tu n'es pas avec moi).

19. L'infinitif, complément d'un verbe se rend par *ka* et le subjonctif.

nté sé ka mi, je ne puis boire.

20. L'infinitif après vouloir, aimer, se rend par le substantif.

mbé du muni fé, je veux manger.

21. La particule interrogative *wa* se met après le verbe.

e do wa? est-ce toi?

22. La particule ne s'emploie pas quand la phrase renferme un mot interrogatif.

djon do? qui est-ce?

23. L'interrogation peut être aussi dans l'intonation seule de la voix,

e do? est-ce toi?

24. D'ordinaire la réponse à l'interrogation se fait par *oo* oui, *ay* non, mais on peut aussi répondre par le verbe affirmatif ou négatif.

e do wa? est-ce toi?

né do, c'est moi.

25. Les personnes du subjonctif servent à l'impératif pour leur correspondantes, mais les personnes propres à l'impératif sont plus énergiques.

26. Pour donner plus d'énergie au verbe, on peut encore le fortifier par *dé* ou *ké*.

ndé yé fa ma yé, c'est moi qui suis roi.

a buko ké, frappe le donc.

27. En redoublant la consonne verbale on donne aussi une plus grande énergie au verbe.

susu, *piler le mil*, graver.

soso, disputer, démentir.

sogosogo, tousser.

28. Après les verbes penser, croire, espérer, on met *ko* et l'indicatif.

a bé n kono ko abéna

Je pense qu'il viendra.

29. Après craindre, que ne se rend pas d'ordinaire.

mbi sran fama kana na.

Je crains que le roi ne vienne pas.

30. Il m'importe de se rend de la manière suivante.

némako bé dali la,

Il m'importe de prier.

(Nécessité est à moi de prier).

31. Empêcher de se traduit en bambara comme il suit.

nî bali-kana kalon ti ké.

Je t'empêcherai de mentir.

Adverbes.

1. Adverbe de lieu.

ici, y : *yan, yano;* a una yan, venez ici.

là, y : *yen* yeno*;* a utâ yen, allez là.

où, *yoro:* mâ yoro don, je ne sais où il est.

dehors, *kénéma, banako.*

dedans, *kono.*

dessus, *sano, kan.*

derrière, *kofé, koma.*

devant, *ñéfé.*

en haut, *sano.*

en bas, *dugu ma.*

sur, *kan.*

sous, *dju koro.*

avant, *ñéfé, ña.*

moins, *ñan, kadjé.*

après, *koro, ko, kofé.*

depuis, *ka taha.*

loin, *djan.*

près, *koro.*

là bas, *yamfé.*

ailleurs, *fan véré.*

partout, *yoro biéro, yoro béro.*

où ? *mi, mi ni, yoro dju mé?*

par là, *yamfé.*

aux environs, *munu munu.*

quelque part, *yorolo.*

nulle part, *yoro si, yoro kelen, yoro yoro.*

au milieu, *tjéro.*

à côté, *kéréfé* (qand on ne peut préciser).

par où? *mimfé?*

du côté de, *famfé.*

à côté de, *da la.*

surtout, *katémé fen bé kan.*

d'où, *yoro djumé.*

2. Adverbes de temps.

hier, *ku nun.*

avant-hier *ku nun ko.*

aujourd'hui, *bi.*

ce matin, *sohu ma.*

demain, *sini.*

après demain, *sini kéné.*

bientôt, *djona.*

quelquefois, *tu ma doula.*

longtemps, *ka men*

encore, *tuku, tû.*

maintenant, *sasan, sisan.*

toujours, *don o don.*

jamais, *muk, abada.*

lors, alors, *oro sa.*

quand? *tuma djumé.*
dernièrement, *don vo.*
tantôt, *doron, folono.*
du reste, *otogaro.*
autrefois, *foloro.*
de suite, *sasa néno.*
après, *okoro.*
auparavant, *foloro, o ñéro.*
déjà, *kelen.*
aussitôt, *oroi koro.*
ensuite, *o kosa.*
cette année, *ñinan.*
un jour, *don kelen.*
souvent, *toka.*
une fois déjà, *ban.*
d'abord, *sayéré.*
à la fin, enfin, *a la bano.*
matin, de bon matin, *sini sohu ma.*
tard (il est), *a téména.*
vite, *djona.*
ce soir, le soir, *urala, ulala.*
il y a longtemps, *tuma djan.*

récemment, *tuma ma men.*

l'an passé, *sanho.*

L'heure passée, *tuma téména.*

nuit et jour, *su ni tlé.*

à midi, *tlé sen kun tjéro.*

au commencement, *folofolo.*

il y a deux jours, *kuna sini ko, sini kéné ko.*

il y a trois jours, *ku na sini ko ko, sini kénéko ko.*

il y a deux nuits, *kuna sini suro.*

il y a trois nuits, *kuna sini kosuro.*

hier dans la nuit, *suro.*

il y a deux ans, *sérona sini.*

il y trois ans, *sérona sini ko*

dans deux ans, *san véré ko.*

dans trois ans, *san véré ko ta.*

de bonne heure, *djo na.*

trop tôt, *taryaro.*

l'année prochaine, *san voré.*

3. *Adverbes de manière.*

bien, *deren.*

mal, *ma ñi.*

ainsi, *ikoro.*

ensemble, *ñuan fé.*

plus tôt qui, *ikoro sa.*

peu à peu, *doni doni.*

bientôt, *donisa.*

presque, *donisa.*

vite, *djona.*

environ, *bosa.*

autrement, *ñonté.*

ou bien, *vola.*

bien plus, *a bé ko.*

dorénavant, *sasan dun.*

seulement, *doron.*

tout, *bé, bié.*

surtout, *bari, ka téme fen bée kan.*

comme, *iko.*

comment, *di.*

pourquoi, *mun lâ ké, mun nâto.*

tantôt tantôt, *tuma doula, tuma doula.*

4. *Adverbes de quantité.*

assez, il suffit, *toté a avasara.*

trop, *tjama ko djugu.*

un peu, moins, *doni.*

beaucoup, *hali, tjara*.

presque, *ñinika*.

tout à fait, *ko djugu*, etc.

pas du tout, négation avec *dé, deren, koy*.

combien, *djoli*.

entièrement, *mumé*.

rien, *koko*.

c'est trop, *a vasara*.

c'est presque fini, *a bé ñini ka ban*.

5. *Adverbes d'affirmation et de négation.*

oui, *nâm, oo*.

vraiment, *toña, mos*.

même, (yéré), *fana*.

volontiers, *diyaro*.

d'accord, *o benta*.

non, *ay*.

ne, ne pas, ne point, *té, kana, man*.

ne plus, *tuku*.

nullement, *toña té*.

à peu près, *a doro*.

à la bonne heure, *a ah*.

probablement, *kana té ken*.

certes, *tégéno*.

c'est vrai, *toña do*.

oui certes, *ikati kano*.

aussi, *fana*.

je n'en sais rien, *ma don*.

6. *Adverbes d'interrogation*.

est-ce que, *ya*, *wa*.

quand, à quelle heure, *tuma djumé*.

d'où, *mi*.

comment, de quelle manière, *tju ku diuma tjo ko diumé*.

pourquoi, quoi, *mun nâ to*.

pourquoi, qui, *mun lâ ké*.

pourquoi pas, *mun tâ ké, mun tâ to*.

combien de fois, *si ña djoli*.

7. *Adverbes de quantité*.

Ils se forment avec la particule *ko*.

bien, *kosobé*.

saintement, *ko sénun*.

convenablement, *ko bené*.

beaucoup, *ko djugu*.

abondamment, *ko tjama*.

pleinement, *ko fâlé.*

suffisamment, *ko vasalé.*

8. *Adverbes superlatifs.*

c'est très plein, *a fara ko sobé.*

c'est très chaud, *a goni nyalé koy*

c'est très bien allumé, *a ménéna dé.*

c'est très neuf, *a krua, krua, do.*

c'est tout blanc, *a djélé bé furr.*

c'est très nombreux, *a tjara ka bon, a ka tjaya ka vara.*

il est très affamé, *a kongo ka bon fo ka dama té mé.*

il est très vieux, *a koro la, akorolé hali.*

Prépositions.

1. à, *la, ma, na, ye.*

après, *ko.*

avant, *sani.*

devant, *ñé, da ñé.*

par, *fé.*

sans, *ntan.*

comme, *iko*.

sur, *kan, kun*,

dessus, *kan*.

en haut, *san ro, sano*.

vers, *famfé*.

jusqu'à, *fo*.

à cause de, *nofé*.

à côté de, du côté de, *dala, kéréfé*.

auprès de, *koro*.

près de, *koro*.

avec, *fé, ani, ni*.

chez, *yoro*.

contre, *la, na*.

dans, *la, ma, na, lo, ro*.

dedans, *kono, ro, kono-koro, konoro*.

de (provenance), *da, la, ma, na*.

depuis, *kamni kabini*.

entre, *tjéro*.

parmi, *tjéro*.

excepté que, *famaké, fo*.

dehors, hors de, *banako, kénéma*.

du côté de, *kéréfe*.

en bas, *duguma*.

à partir de, *ka tâ*.

en arrière de, *kofé, koma, ko*.

à l'intérieur de, *konono, konoro*.

vis-à-vis, *ñé, siñé*.

au milieu de, *tjé, tjéro*.

pour, *ya, koson*.

envers, *yé*.

aux environs, *fam fé*.

dessous, *ma*.

au-dessous de, *koro*.

en, *no, ro*.

en présence de, *ña fé*.

à travers, *sian*.

d'ici, *yani*.

2. La préposition se met ordinairement après le mot qu'elle régit.

an kévoliu gala yé.

nos devoirs envers Dieu.

3. Les prépositions *sani, fo, famaké, yani, ka tâ, ni, ani, kamni*, font exception à la règle précédente.

4. Les verbes *di,* donner ; *djira*, montrer ; *dosoro,* avoir raison contre ; *makari*, avoir pitié ; *fa*, être plein ; *biri*, couvrir ; *tâ*, aller ; *da,* croire ; *sigi*, s'asseoir, demandent la préposition *na* ou *la* selon les exigences de l'euphonie.

nlâ di nteri la,
je l'ai donné à mon ami
nli dosori la,
j'ai raison contre toi.
makari ña.
aie pitié de moi.

5. Les verbes *bâ,* faire du mal ; *di,* donner ; *san,* vendre ; *na*, venir ; *furu,* marier ; *sagi,* rendre ; *singa,* prêter, etc.
demandent la préposition *ma,* qui paraît du reste être une variante de *na* et de *la.*

ulâ dî ma, je te l'ai donné.

6. Un grand nombre de verbes veulent la préposition *yé.*

nla fî yé, je te l'ai dit.

sô méné nyé, tiens mon cheval.

ma ki yé, je ne t'ai rien fait.

Conjonctions.

1. Et, *ani, ni*.

que, *ko*.

mais, *nka*.

ou, ou bien, *vola*.

car, parce que, *katugu*.

c'est pourquoi, *o dé ka ké*.

afin que, pour que, *fo*.

quand, lorsque, dès que, *ni-tuma-mi*.

si, *ni*.

2. Les propositions sont souvent liées par les conjonctions *ni* et *ani*.

sô bi uli nâ bi tama,

le cheval se lève et marche.

3. Souvent encore les propositions qui suivent la première se mettent au subjonctif *ntumbé tigifé, nka don dama, ka vori dâma*, j'avais un maître, je lui ai donné des esclaves, je lui ai donné de l'argent.

4. Parfois les propositions coordonnées se suivent sans être unies.

nli nin mâ yé, a duna nsu kono,

j'ai vu cet homme entrer dans ma maison.

5. Presque toutes nos propositions françaises dépendantes d'une conjonction sont rendues en bambara de quelqu'unes de ces trois manières.

Interjection.

ah! *ih.*

grand Dieu, *bismillahi.*

allons, vîte, *taria.*

doucement, *nemé némé.*

silence, chut, *manto.*

halte-là, *i djo.*

hé, *o.*

à la bonne heure, *aha, aah.*

a b d e f g h i j k l m n o p r s t u v w y z
A B D E F G H I J K L M N O P R S T U V W Y Z

---

a e i o u w y
A E I O U W Y

---

b p v f m d t l r n s j g k
B P V F M D T L R N S J G K

1.2.3.4.5.6.7.8.9.10.11.15.20.28.35.69.173.240

Ae Ee Ii Oo Uu Ww Yy Bb Pp Vv Ff Mm Dd Tt
Ll Rr Nn Ss Jj Gg Kk Zz

---

a i u A o e y O i D u p a r w E b o d Y v K s
L r l M b I k J g S n m G B f e T t N n
V i j F a U

---

a ba pa va fa ma da ta la va na sa ja ga ka wa ya ña nya
e be pe ve fe me de te le ve ne ñe se je ge ke we ye nye ze
i bi pi vi fi mi di ti li ri ni ñi si ji gi gi wi yi nyi zi
o bo po vo fo mo do to lo ro no ño so jo go go wo yo nyo zo
u bu pu vu fu mu du tu lu ru nu ñu su ju gu wu yu nyu

---

bua bue bui buo bya bye byo byu
mua mue mui muo mya mye myo myu
lua lue lui luo lya lye lyo lyu
gua gue gui guo gya gye gyo gyu
dja dje dji djo dju dya dye dyo dyu

---

kua kue kui kuo kuu kya kye kyo kyu
tua tue tui tuo tuu tya tye tyo tyu
tja tje tji tjo tju dua dui duo duu
ñua ñue ñui ñuo ñuu nua nue nui nuo nuu
sua sue sui suo suu sya sye syi syo syu
fua fue fui fuo fuu fya fye fyi fyo fyu
rua rue rui ruo ruu rya rye ryi ryo ryu
aya eye iyo uyu sia sie siu sio mbe
ndi nda nde nga nge nte nta nsi

---

an en in on un - am em im om un - man
men min mon mun mam min mum mom

Fa ni dén ni ha-ki-li Sé-nun tua-ro+ A-mi-na+. An Fa mim bé san-ko-lo-ro+ i tua a ka sé-nu-na-ké+ i fan-ga a ka na+ i bé mum fé a ka ké du-gu-ma i-ko san-ko-lo-ro+ an son bi an ba-lo don o don+ an ba-ha-u ha-ké-to an-yé i-ko mi-num ba-ha-ra am-ma+ am-bé ha-ké-to u-yé+ i ka na ambla an ka dun bli-zi-ro+ i ka an ki-si ko dju-gu-ro+ A-mi-na+.

Mbi fo Ma-ri-a-ma i-fa-ra gra-si-a-la+ ti-gi bi fé+i bar-ké-lém-bé mu-so bée-ro+ a-ni i ko-no dén Yé-su Kris-ta bar-ké-lém-bé+ Ma-ri-a-ma sé-nun nga-la ba+da-li an-yé an ha-ké-ké-la-u si-san a-ni an sa tu-ma+ A-mi-na+

Ké-lén+fla+sa-ba+na-ni+du-lu+vo-ro+vo-ron-gla+ sé-gi+ko-non-to+tan+tan ni ké-lén+tan ni fla+ ké-lé-na+fla-na+sa-ba-na+na-ni-na+du-lu-na+ vo-ro-na+vo-ron-gla-na+sé-gi-na+ko-non-to-na+ ta-na+tan ni ké-lé-na+tan ni fla-na+mu-gan+ mu-ga-na+

---

nda-ra nga-la-la Fa ko bée sé-ba+san-ko-lo a-ni+ du-gu-ko-lo dam-ba-ha+ a-ni Yé-su Kris-ta-la a dén ké-lén an ti-gi + min fa-ri-a-la Ha-ki-li Sé-num da-ba-ri-a-ro a vo-lo la Ma-ri-a-ma sun-gu-ru-ro + a sé-gé-na Pon-si Pi-la-ti fan-ga-na + a pém-bé-na Krua-ro, a sa-ra, a du-na a dji-gi-na du-gu ko-no + tlé sa-ba-na a ku-nu-na sa-lé-u-ro + a yé-lé-la sa-no + a si-gi-ra nga-la Fa ko bée sé-ba ki-ni mbo-lo-la + a na bo yo-ro-mi ka kri-ti-ké mi-num ba-lo-lém-bé ani mi-num sa-lém-bé + nda-ra Ha-ki-li Sé-nu-na + ka-to-lik dja-man-fu sé-nu-na + sé-nu-ya-lém-bé djé-ya-la + ha-ké-to + fa-ri ba-lo tu-gu + a-ni ba-lo min té ban + A-mi-na +

---

nga-la ké-lên ba-ro i ka fé ko so-bé + i ka-na nga-la tua fo ko guan-san-o + i ka ka-ri dun bu-ña nga-la ka dun + Bu-ña da i fa ni ba kan vo-a-la i ka men ba-lo-ro + i ka-na mo-ho fá i ka-na i ha-ki-li si-ga-ro + i ka-na dja-ro-ya-ké + i ka-na so-ña-li-ké + i ka-na do-li i to-ñu-a-la fa-ni ña-fé + i tna ko dju-gu bla i soon . la + i tna sa-ma i to-ñu-a ka na-fu-lu-fé +

a b d e f g h i j k l m n o

A B D E F G H I J K L M N O

p r s t u v w y z

P R S T U V W Y Z

---

a e i o u w y

A E I O U W Y

---

b p v f m d t l r n s y g k

B P V F M D T L R N S Y G K

---

1. 2. 3. 4. 5. 6. 7. 8. 9. 10. 11. 15. 20. 28

35. 69. 173. 240

Aa Ee Ii Oo Uu Ww Yy Bb
Pp Vv Ff Mm Dd Tt Ll Rr
Nn Ss Jj Gg Kk Zz

Au i u A o e y O i D u p a r w E b
o d Y v k s L i l M b I k I g S n
G B f e T t N u V i j F a U

www.ingramcontent.com/pod-product-compliance
Ingram Content Group UK Ltd.
Pitfield, Milton Keynes, MK11 3LW, UK
UKHW022111170726
13837UKWH00003B/1155